**VENTE**
Du Mardi 21 Février 1911
HOTEL DROUOT, SALLE N° 8
A 2 HEURES

# TABLEAUX

ET

## Peintures Décoratives

PAR

## J.-L. CHALLIÉ

COMMISSAIRE-PRISEUR
M° F. LAIR-DUBREUIL
EXPERT
M. E. DRUET

# CATALOGUE

## DES

# TABLEAUX

## ET

# PEINTURES DÉCORATIVES

### PAR

# J.-L. CHALLIÉ

DONT LA VENTE AUX ENCHÈRES PUBLIQUES AURA LIEU

## HOTEL DROUOT, SALLE N° 8

### LE MARDI 21 FÉVRIER 1911

*à deux heures*

---

**Mᵉ F. LAIR-DUBREUIL**
COMMISSAIRE-PRISEUR
6, rue Favart

**M. E. DRUET**
EXPERT
20, rue Royale

---

## EXPOSITION PUBLIQUE

Les Dimanche 19 et Lundi 20 Février 1911, de 2 h. à 6 h.

# CONDITIONS DE LA VENTE

Elle sera faite au comptant.

Les adjudicataires paieront *dix pour cent* en sus des enchères.

L'exposition mettant le public à même de se rendre compte de l'état et de la nature des objets, aucune réclamation ne sera admise une fois l'adjudication prononcée.

Paris. — Imp. de l'Art. CH. BERGER. 41. rue de la Victoire.

# DÉSIGNATION

## TOILES DÉCORATIVES

1 — *Anémones et mimosa.*
> Signée en bas à droite.
>> Toile. Haut., 1 mètre; larg., 81 cent.

2 — *Azalées.*
> Signée en bas à droite.
>> Toile. Haut., 73 cent.; larg., 92 cent.

3 — *Azalées.*
> Signée en bas à droite.
>> Toile. Haut., 73 cent.; larg., 92 cent.

4 — *Chrysanthèmes.*
> Signée en bas à droite.
>> Toile. Haut., 73 cent.; larg., 92 cent.

5 — *Dahlias roses.*
> Signée en bas à droite.
>> Toile. Haut., 72 cent.; larg., 93 cent.

6 — *Dahlias.*
> Signée en bas à droite.
>> Toile. Haut., 72 cent.; larg., 93 cent.

**7 — *Hortensias*.**

Signée en bas à droite.

Toile. Haut., 72 cent.; larg., 93 cent.

**8 — *Tulipes et fruits*.**

Signée en bas à droite.

Toile. Haut., 72 cent.; larg., 93 cent.

**9 — *Giroflées*.**

Signée en bas à droite.

Toile. Haut., 81 cent.; larg., 65 cent.

**10 — *Dahlias*.**

Signée en bas à droite.

Toile. Haut., 65 cent.; larg., 81 cent.

**11 — *Dahlias*.**

Signée en bas à droite.

Toile. Haut., 81 cent.; larg., 65 cent.

**12 — *Giroflées*.**

Signée en bas à droite.

Toile. Haut., 81 cent.; larg., 65 cent.

**13. — *Anémones*.**

Signée en bas à droite.

Toile. Haut., 81 cent.; larg., 65 cent.

**14 — *Dahlias*.**

Signée en bas à droite.

Toile. Haut., 81 cent.; larg., 65 cent.

**15 — *Pivoines*.**

Signée en bas à droite.

Toile. Haut., 81 cent.; larg., 65 cent.

16 — *Iris noirs.*

> Signée en bas à droite.
>> Toile. Haut., 81 cent.; larg., 65 cent.

17 — *Anémones.*

> Signée en bas à droite.
>> Toile. Haut., 54 cent.; larg., 65 cent.

18 — *Anémones.*

> Signée en bas à gauche.
>> Toile. Haut., 54 cent.; larg., 65 cent.

19 — *Bouquet.*

> Signée en bas à droite.
>> Toile. Haut., 54 cent.; larg., 65 cent.

20 — *Dahlias.*

> Signée en bas à gauche.
>> Toile. Haut., 54 cent.; larg., 65 cent.

21 — *Bouquet.*

> Signée en bas à gauche.
>> Toile. Haut., 54 cent.; larg., 65 cent.

22 — *Giroflées.*

> Signée en bas à droite.
>> Toile. Haut., 54 cent.; larg., 65 cent.

23 — *Tulipes.*

> Signée en bas à droite.
>> Toile. Haut., 54 cent.; larg., 65 cent.

24 — *Tulipes.*

> Signée en bas à droite.
>> Toile. Haut., 54 cent.; larg., 65 cent.

25 — *Anémones.*

Signée en bas à droite.

Toile. Haut., 54 cent.; larg., 65 cent.

26 — *Dahlias.*

Signée en bas à droite.

Toile Haut., 54 cent.; larg., 65 cent.

27 — *Dahlias.*

Signée en bas à droite.

Toile. Haut., 54 cent.; larg., 65 cent.

28 — *Pivoines et fruits.*

Signée en bas à droite.

Toile. Haut., 54 cent.; larg., 65 cent.

29 — *Roses.*

Signée en bas à gauche.

Toile. Haut., 54 cent.; larg., 65 cent.

30 — *Dahlias.*

Signée en bas à droite.

Toile. Haut., 61 cent.; larg., 38 cent.

31 — *Œillets et fruits.*

Signée en bas à droite.

Toile. Haut., 61 cent.; larg., 38 cent.

32 — *Dahlias.*

Signée en bas à droite.

Toile. Haut., 61 cent.; larg., 38 cent.

33 — *Fleurs et fruits.*

Signée en bas à droite.

Toile. Haut., 55 cent.; larg., 38 cent.

**34 — *Dahlias*.**
> Signée en bas à droite.
>> Toile. Haut., 55 cent.; larg., 38 cent.

**35 — *Chrysanthèmes*.**
> Signée en bas à droite.
>> Toile Haut., 46 cent.; larg., 33 cent.

**36 — *Fleurs et fruits*.**
> Signée en bas à droite.
>> Toile. Haut., 3o cent.; larg., 46 cent.

# FIGURES ET INTÉRIEURS

**37 — *Nu*.**
> Signée en bas à droite.
> Toile. Haut., 1 m. 53 cent.; larg., 2 m. 45 cent.

**38 — *Femme dans un intérieur*.**
> Signée en bas à droite.
>> Toile. Haut., 97 cent.; larg., 1 m. 65 cent.

**39 — *Intérieur*.**
> Signée en bas à droite.
>> Toile. Haut., 65 cent.; larg., 1 mètre.

**40 — *Jeune femme dans un intérieur*.**
> Signée en bas à droite.
>> Toile. Haut., 73 cent.; larg., 92 cent.

**41 — *Jeune Femme dans un intérieur*.**
> Signée en bas à droite.
>> Toile. Haut., 65 cent.; larg., 81 cent.

**42 — *Le Fauteuil.***

Signée en bas à droite.

Toile. Haut., 73 cent.; larg., 92 cent.

**43 — *Jeune Femme.***

Signée en bas à gauche.

Toile. Haut., 65 cent. ; larg., 81 cent.

**44 — *Jeune Femme cousant.***

Signée en bas à gauche,

Toile. Haut., 54 cent.; larg., 65 cent.

**45 — *Nu, étude d'atelier.***

Signée en bas à droite.

Toile. Haut., 81 cent. ; larg , 65 cent.

**46 — *Le Corsage rouge.***

Signée en bas à droite.

Toile. Haut., 8. cent.; larg., 65 cent.

**47 — *Le Thé.***

Signée en bas à droite.

Toile. Haut., 65 cent.; larg., 81 cent.

**48 — *Le Déjeuner.***

Signée en bas à gauche.

Toile. Haut., 65 cent.; larg., 81 cent.

**49 — *Le Thé.***

Signée en bas à gauche.

Toile. Haut., 54 cent.; larg., 65 cent.

**5o — *Téte d'Homme.***

Signée en bas à droite.

Toile. Haut., 5o cent.; larg., 65 cent.

51 — *Étude dans l'atelier.*

Signée en bas à droite.

Toile. Haut., 55 cent.; larg., 38 cent

52 — *Vieux porche.*

Signée en bas à gauche.

Toile. Haut., 55 cent.; larg., 33 cent.

53 — *Au café.*

Signé en bas à gauche.

Panneau. Haut., 23 cent.; larg., 33 cent.

54 — *En barque.*

Signée en bas à droite.

Toile. Haut., 38 cent.; larg., 46 cent.

55 — *Petit nu.*

Signée en bas à droite.

Toile. Haut., 46 cent.; larg., 30 cent.

56 — *Fleurs sur une table.*

Signée en bas à droite.

Toile. Haut., 46 cent.; larg., 55 cent.

## PAYSAGES (Bretagne)

57 — *Marine.*

Signée en bas à droite.

Toile. Haut., 65 cent.; larg., 92 cent.

58 — *Grand vent. (Le Calvaire.)*

Signée en bas à droite.

Toile. Haut., 62 cent.; larg., 80 cent.

**5g — *Maisons sur le port.***

Signée en bas à droite.

Toile. Haut., 65 cent.; larg., 81 cent.

**60 — *Rochers.***

Signée en bas à droite.

Toile. Haut., 65 cent.; larg., 81 cent.

**61 — *Premier soleil.***

Signée en bas à droite.

Toile. Haut., 65 cent.; larg., 81 cent.

**62 — *Neige.***

Signée en bas à droite.

Toile. Haut., 65 cent.; larg., 81 cent.

**63 — *Soleil de janvier.***

Signée en bas à droite.

Toile. Haut., 54 cent.; larg., 65 cent.

**64 — *Toit rouge.***

Signée en bas à droite.

Toile. Haut., 50 cent.; larg., 65 cent.

**65 — *Temps gris.***

Signée en bas à gauche.

Toile. Haut., 54 cent.; larg., 65 cent.

**66 — *Les Mares bleues.***

Signée en bas à gauche.

Toile. Haut., 54 cent.; larg., 65 cent.

**67 — *Les Pins.***

Signée en bas à droite.

Toile. Haut., 54 cent.; larg., 65 cent.

68 — *Le Vieux chemin.*

> Signée en bas à droite.
>> Toile. Haut., 54 cent.; larg., 65 cent.

69 — *Neige.*

> Signée en bas à droite.
>> Toile. Haut., 54 cent.; larg., 65 cent.

70 — *La Chapelle de Saint-Golcon.*

> Signée en bas à droite.
>> Toile. Haut., 54 cent.; larg., 65 cent.

71 — *Rochers rouges.*

> Signée en bas à gauche.
>> Toile. Haut., 54 cent.; larg., 65 cent.

72 — *Bateaux.*

> Signée en bas à droite.
>> Toile. Haut., 54 cent.; larg., 65 cent.

73 — *Entrée du port de Ploumanach.*

> Signée en bas à droite.
>> Toile. Haut., 54 cent.; larg., 65 cent.

74 — *Chapelle de Saint-Golcon.*

> Signée en bas à droite.
>> Toile. Haut., 54 cent.; larg., 65 cent.

75 — *Marée basse dans le port.*

> Signée en bas à droite.
>> Toile. Haut., 50 cent.; larg., 65 cent.

76 — *Rochers au soleil.*

> Signée en bas à gauche.
>> Toile. Haut., 54 cent.; larg., 65 cent.

**77 — *Petite maison dans la lande.***

Signée en bas à droite.

Toile. Haut., 38 cent.; larg., 61 cent.

**78 — *Pins au soleil.***

Signée en bas à droite.

Toile. Haut., 38 cent.; larg., 61 cent.

**79 — *Pins, temps gris.***

Signée en bas à droite.

Toile. Haut., 33 cent.; larg., 55 cent.

**80 — *Paysage (Provence).***

Signée en bas à droite.

Toile. Haut., 38 cent.; larg., 61 cent.

**81 — *Paysage (Provence).***

Signée en bas à droite.

Toile. Haut., 38 cent ; larg., 61 cent.

**82 — *Le Chemin montant (Bretagne).***

Signée en bas à droite.

Toile. Haut., 60 cent.; larg., 73 cent.


## PAYSAGES (Environs de Paris)

**83 — *Bords de rivière.***

Signée en bas à droite.

Toile. Haut., 54 cent.; larg., 80 cent.

**84 — *Canal.***

Signée en bas à droite.

Toile. Haut., 65 cent.; larg., 81 cent.

85 — *Bords de rivière.*

Signée en bas à droite.

Toile. Haut., 65 cent.; larg., 81 cent.

86 — *Montigny-sur-Loing.*

Signée en bas à droite.

Toile. Haut., 65 cent.; larg., 81 cent.

87 — *Montigny-sur-Loing.*

Signée en bas à droite.

Toile. Haut., 65 cent.; larg., 81 cent.

88 — *Bords de la Seine.*

Signée en bas à droite.

Toile. Haut., 65 cent.; larg., 81 cent.

89 — *Montigny-sur-Loing.*

Signée en bas à gauche.

Toile. Haut., 65 cent.; larg., 54 cent.

90 — *Montigny-sur-Loing.*

Signée en bas à droite.

Toile. Haut., 54 cent.; larg., 65 cent.

91 — *Les Barques.*

Signée en bas à gauche.

Toile. Haut., 54 cent.; larg., 65 cent.

92 — *Moret.*

Signée en bas à gauche.

Toile. Haut., 54 cent.; larg., 65 cent.

93 — *Péniche.*

Signée en bas à gauche.

Toile. Haut., 54 cent.; larg., 65 cent.

94 — *Pont de Gretz-sur-Loing.*

Signée en bas à gauche.
Toile. Haut., 54 cent.; larg., 65 cent.

95 — *Au bord de l'eau.*

Signée en bas à droite.
Toile. Haut., 54 cent.; larg., 65 cent.

96 — *Montigny-sur-Loing.*

Signée en bas à gauche.
Toile. Haut., 54 cent.; larg., 65 cent.

97 — *Le Pêcheur.*

Signée en bas à droite.
Toile. Haut., 54 cent.; larg., 65 cent.

98 — *Montigny-sur-Loing (temps gris).*

Signée en bas à gauche.
Toile. Haut., 54 cent., larg., 65 cent.

99 — *La Barque.*

Signée en bas à droite.
Toile. Haut., 54 cent.; larg., 65 cent.

100 — *Bords de Seine.*

Signée en bas à droite.
Toile. Haut., 54 cent.; larg., 65 cent.

101 — *Dans le jardin.*

Signée en bas à droite.
Toile. Haut., 54 cent.; larg., 65 cent.

102 — *Vieux bassin à l'automne.*

Signée en bas à droite.
Toile. Haut., 38 cent.; larg., 61 cent.

103 — *Montigny-sur-Loing.*
>Signée en bas à droite.
>>Toile. Haut., 38 cent.; larg., 61 cent.

104 — *Montigny-sur-Loing.*
>Signée en bas à droite.
>>Toile. Haut., 61 cent.; larg., 38 cent.

105 — *Montigny-sur-Loing.*
>Signée en bas à droite.
>>Toile. Haut., 61 cent.; larg., 38 cent.

106 — *Rochers au soleil (Bretagne).*
>Signée en bas à droite.
>>Toile. Haut., 33 cent.; larg., 55 cent.

107 — *Neige (Bretagne).*
>Signée en bas à gauche.
>>Toile. Haut , 33 cent.; larg., 55 cent.

108 — *Village (Bretagne).*
>Signée en bas à gauche.
>>Toile. Haut., 33 cent.; larg., 55 cent.

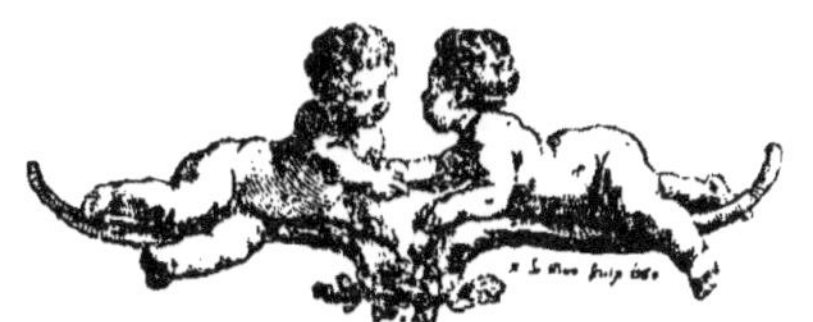